Von einer, die auszog, Türkisch zu lernen ...

Türkçe öğrenmek için yola çıkan bir kızın hikayesi ...

für Sascha & Duygu

Istanbul, mit scharfe Soße?

Bir gavurun İstanbul'u keşfi

Alexandra Klobouk*'tan bir kitap*

Mein Name ist Alexandra, ich studiere Grafikdesign und lebe seit fast sechs Jahren in Berlin. *Ben Alexandra, Grafik Tasarım okuyorum ve altı yıla yakın bir süredir Berlin'de yaşıyorum.*

Hier in Berlin leben auch viele Türken und Deutschtürken – aber bis vor zwei Jahren hatte ich eigentlich nichts mit ihnen zu tun.
Mein türkischer Gemüsehändler war zufälligerweise ein wenig sympathischer und mürrischer Typ; ich verstand nicht, warum er immer so herumschrie. In der U-Bahn begegnete ich von Zeit zu Zeit halbstarken türkischen Jungs und – wie pubertierende Jungs eben so sind – sie gingen mir mit ihren dummen Sprüchen ordentlich auf die Nerven. »Urlaub in der Türkei« war in meiner Vorstellung Pauschaltourismus in Hotelburgen an Betonstränden, Sonntags im Tatort wurde mit schöner Regelmäßigkeit ein Fall über mangelnde Integration und Zwangsheirat behandelt und im Spiegel las ich über Ehrenmorde an jungen Frauen, die ihre Unabhängigkeit gesucht hatten. *Berlin'de de bir çok Türk ve Türk kökenli Alman yaşıyor; fakat iki yıl öncesine kadar onlarla pek işim olmamıştı.*
Alış veriş yaptığım Türk manavı oldukça sevimsiz, aksi biriydi ve ben onun etrafa bağırış çağırışlarını anlamazdım. Metroda zaman zaman diğer ergenlik

çağındaki gençler gibi yeniyetme Türk gençlerine rastlardım. Bunlar maço halleriyle aptalca konuşmalarıyla beni sinirlendirirlerdi. «Türkiye'de tatil» deyince, gözlerimde beton yığını kıyılarda kale gibi otellerde paket turizmi canlanırdı. Pazarları yayınlanan, "Cinayet Mahalli" programında sürekli olarak uyum eksikliği ve zorunlu evlilik olayları işlenirdi. «Spiegel» Dergisi'nde de özgürce yaşamak isteyen genç kadınların namus cinayetlerini okurdum.

Eigentlich wusste ich nichts über Türken und erst recht nichts über die Türkei ... *Aslında Türkler hakkında hiçbir şey bilmiyordum, Türkiye hakkında da.*

Aber wenn man meint, dass man nichts denkt, denkt man oft mehr, als man meint ... *Ama hiçbir şey düşünülmediği sanıldığında, sanılandan daha çok şey düşünülür ...*

Kleine Auflistung der gängigsten Vorurteile, erster Teil *Önyargıların Küçük Kataloğu – birinci bölüm*

Antalya Beach
Paradise

Kleine Auflistung der gängigsten Vorurteile, zweiter Teil *Önyargıların Küçük Kataloğu – ikinci bölüm*

Eines Tages sah ich die Dokumentation »Crossing the Bridge – the Sound of Istanbul«. Der Film über die Musikszene Istanbuls erzählt Geschichten aus dieser Stadt und gewährt einen Blick in das Leben junger Türken. Die Türkei, wie sie mir hier gezeigt wurde, passte nicht recht zu dem Bild in meinem Kopf. Ich hatte da wohl so einiges nicht ganz verstanden. Und fragte mich, wie es wohl so sei, in der Türkei zu leben.
Da Istanbul nicht nur interessant, sondern auch aufregend und wunderschön zu sein schien, beschloss ich, dort ein Semester lang zu studieren.
So würde ich mir selbst ansehen können, was es mit der Türkei und ihren Menschen auf sich hatte.

Leider gab es an meiner Uni keine Partnerschaft mit einer Hochschule in Istanbul.
Und Türkisch konnte ich natürlich auch nicht.

Also schrieb ich mich beim Abendkurs »Türkisch A1« an der Volkshochschule ein, flog für zwei Wochen nach Istanbul, sprach bei mehreren Unis vor und ging ein halbes Jahr vielen Menschen auf die Nerven …

Endlich, am 18.Februar 2008 kam ich um fünf Uhr morgens in Istanbul an und sollte die Stadt sieben Monate nicht mehr verlassen.

İki yıl önce, bir gün sinemada «Crossing the Bridge» filmini gördüm. Belgesel, seyirciyi İstanbul'un genç müzik ortamında gezdiriyor ve Türkiye'deki gençlerin yaşamı hakkında bilgilendiriyordu. Bu filmde gördüklerim; bilinçsizce oluşturduğum "Türkiye" resmine hiç uymuyordu. Anlayışlı, hoşgörülü biri olmam ve bütün önyargılarımdan soyunmam gerektiğini düşündüm.
İstanbul sadece ilginç değil, aynı zamanda çok güzel ve heyecan verici göründüğü için; bir an önce orada, bir üniversitede bir sömestr okumaya karar verdim. Böylelikle, Türkiye ve insanlarının ne menem bir şey olduğunu kendi gözlerimle görecektim.
Ne yazık ki, üniversitemin İstanbul'daki bir üniversite ile işbirliği yoktu ve Türkçe de bilmiyordum ...
Halk Eğitim Okulunda «Türkçe A1» akşam kursuna kaydoldum. İki haftalığına İstanbul'a uçtum... Bir çok üniversiteye başvurdum, bu sürede de bir çok kişi bana sinir oldu ...
18 Şubat 2008 sabah 5'te İstanbul'a vardım. Ve yedi ay boyunca kenti terk edemeyecektim.

Önemli & Özel Wichtiges & Besonderes

Es gibt viele Wege, ein fremdes Land kennenzulernen. Zum Beispiel anhand der Dinge, die den Menschen am Herzen liegen.
In der Türkei gibt es viele Dinge, die ganz alltäglich sind, denen aber ein hoher Wert und große Bedeutung beigemessen werden. Viele haben ihre eigenen Rituale, die mit großer Aufmerksamkeit und Genauigkeit zelebriert werden. Man nimmt sich die Zeit, die hierfür nötig ist. Ein paar Beispiele der Rituale und Besonderheiten sind in diesem Kapitel zu finden. *Yabancı bir ülkeyi tanımanın bir çok yolu vardır. Örneğin, insanların çok önem verdiği şeylere bakmak gerekir.*
Çok sıradan olmasına karşın değer verilen fazla şey var Türkiye'de. Bir çok insanın büyük bir dikkat ve kesinlikle uyguladığı ritüelleri var. Bunlar için gereken zamanı ayırırlar. Bu bölümde bu ritüeller ve özelliklerden bir kaç örnek bulacaksınız.

Tee heißt *Çay* und ist sehr wichtig

DIE MISCHUNG MACHT'S
SCHWARZER TEE İMMER ANDERS

Tee wird immer und überall getrunken. Aus kleinen Gläsern und in großen Mengen. *Çay her zaman ve her yerde küçük bardaklarda ve çok miktarda içilir.*

Türkischer Kaffee *Türk Kahvesi*

GUTEN KAFFEE KOCHEN IST EINE KUNST!
(DAS WICHTIGSTE DABEI IST DER SCHAUM)

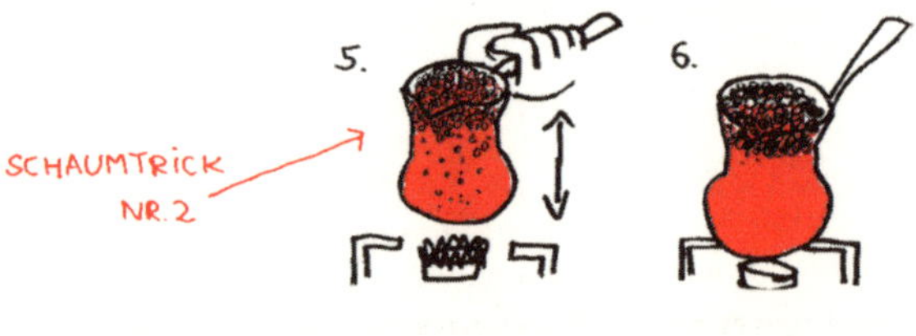

Kaffee ist wertvoll und es ist immer ein besonderer Anlass, wenn man ihn trinkt. Seine Zubereitung ist ein wenig aufwendig. *Kahve değerlidir ve her zaman özel bir nedenle içilir. Hazırlanması beceri ve sabır ister.*

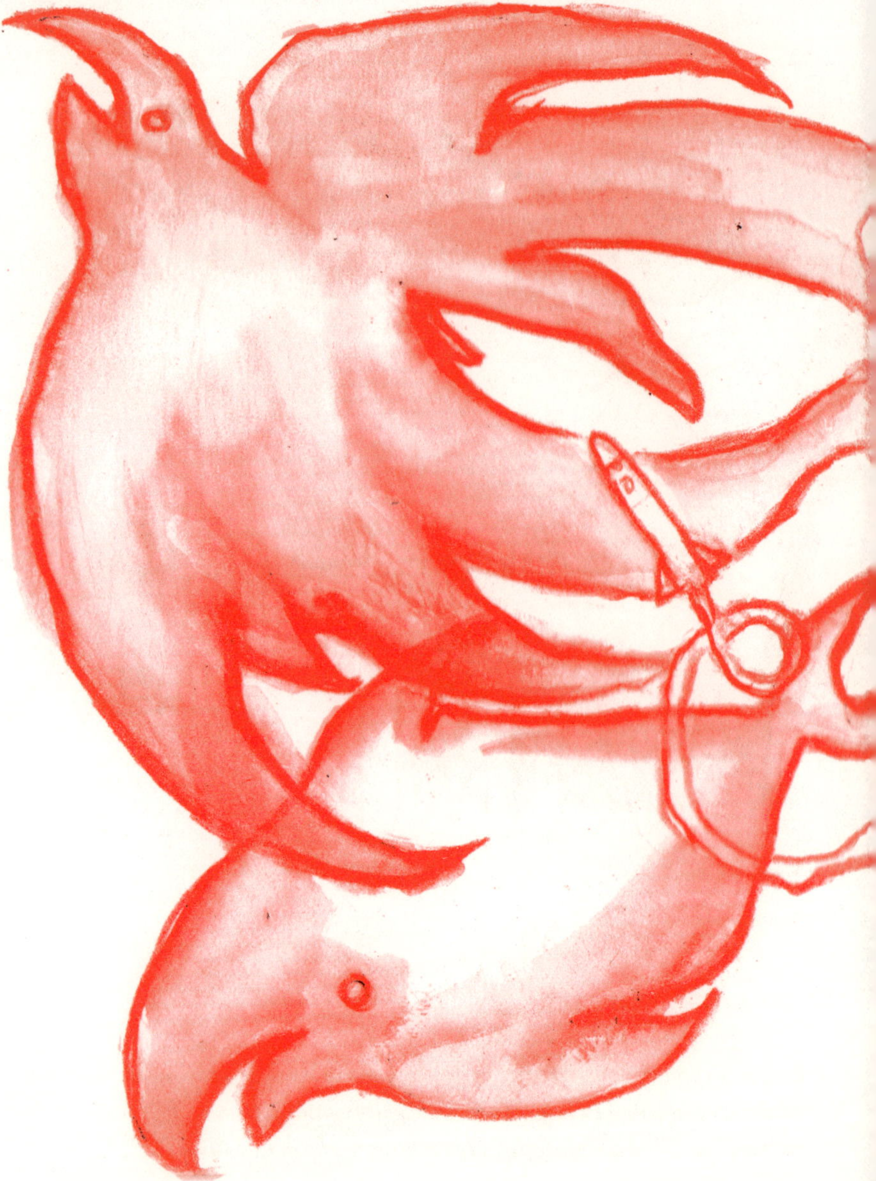

… aber das können nur ganz besondere Menschen. … *ama bunu sadece çok özel insanlar yapabilir.*

Essen ist ein Geschenk Gottes und wird mit viel Respekt behandelt. Eigentlich. *Yemek bir Tanrı vergisidir ve saygı duyularak hazırlanır.*

Diese alte Geste ist nicht mehr sehr verbreitet. Sie stammt von Menschen, die wissen, wie viel Arbeit in einem Stück Brot steckt. *Bu jestler artık pek yaygın değildir. Bunlar; bir parça ekmek için, ne kadar emek harcandığını bilenlerin davranışlarıdır.*

Soğan
Yumurta
Yumurta...
Salça
Domates...
Biber...

Über Essen kann man sich stundenlang unterhalten. Die türkische Küche ist nämlich die beste der Welt. Widerspruch ist zwecklos. *Yemek konusunda saatlerce konuşulabilir. Türk Mutfağı dünyanın en iyi mutfağıdır. Bunun aksini söylemek anlamsızdır.*

Dil & Sözcükler über Worte & Sprache

Wenn man die Türkei ein wenig verstehen möchte, sollte man Türkisch lernen. Zumindest ein kleines bisschen. Denn die Sprache erzählt viel über Geschichte und Mentalität der Menschen.
Oft spiegeln sich alte Bräuche in ihr wider, sie ist bildreich und poetisch – und trotzdem gar nicht so schwer.
Da ein großer Teil des Lebens auf der Straße stattfindet, ist auch die Lautstärke sehr bedeutend. Wer etwas möchte, muss sich Gehör verschaffen. Und wer etwas anzubieten hat, preist seine Ware lautstark an. Statt nach Schildern zu suchen, fragt man nach dem Weg – ohne Angst, einen Fremden anzusprechen. Das ist umso leichter, wenn man ihn »Bruder« nennt. *Türkiye hakkında bir şeyler öğrenmek isteyen Türkçe öğrenmelidir. En azından birazcık. Çünkü dil insanların geçmişi ve anlayış biçimi hakkında çok şey söyler. Gelenekler çoğunlukla dile yansır. Türkçe benzetme bakımından, çok zengin ve şiirseldir. Ve buna karşın pek de zor değildir.*
Yaşamın büyük bir bölümü sokakta geçtiği için ses yüksekliği önemlidir. Satılacak malı olan, malına yüksek sesle övgüler düzer. Ve bir şey almak isteyen bu sese kulak vermelidir. Yol levhalarına bakınmak yerine, yol sorulur. Bir yabancıya sormaktan korkulmaz. Hele ona «Kardeş» dersen, işin daha da kolaylaşır.

Winzig kleiner Türkischkurs
»*Azıcık Türkçe Kursu*«

Drei der wichtigsten Worte im Türkischen:
Türkçe'de üç önemli sözcük:

Güzel (das ultimativpositive Adjektiv):
schön, fein, toll, sexy, lecker, gut,
angenehm, super, interessant ...

Var: es gibt ..., ja
(als Antwort auf die Frage: »Gibt es ...?«)

Yok: Es gibt ... nicht, gibt es nicht, nein
(als Antwort auf die Frage: »Gibt es ...?«)

Dazu gibt es auch eine Geste *Bunun için de bir jest var*

» Teil 1 *Kısım* «

»Nein
Hayir «

in der Türkei*

in Deutschland

*das ist für Deutsche verwirrend, denn bei uns heißt das was ganz Anderes :

Türkisch ist eigentlich ganz einfach – wie Lego spielen: *Türkçe aslında çok basit – Lego oynamak gibi:*

Su
Wasser

Sucu
Wasserverkäufer

Çiçek
Blume

Çiçekçi
Blumenhändler

» Teil 2 *Kısım* «

Simit
Sesamring

Simitçi
Sesamringverkäufer

Karpuz
Wassermelone

Karpuzcu
Wassermelonenmann

* Hoşgeldin!

Hoşbulduk

»Ellerine sağlık«

GEÇMİŞ OLSUN!

»Bir elin'nesi var – iki elin sesi var«

...afiyet olsun

Maşallah!

»BUYURUUUUN«

(Das ruft dein Gemüsehändler.)

Willkommen!: »Du bist gut/schön gekommen«
→ Du bist zur rechten Zeit gekommen

Antwort auf *Hoşgeldin*: »Ich habe es schön gefunden«
→ Es ist wunderschön bei dir (oder so)

»Gesundheit deinen Händen«
→ Mögen deine Hände (die z.B. dieses Gericht gekocht haben) ewig gesund bleiben

Gute Besserung!: »Möge es Vergangenheit sein!«

»Eine Hand – was kann sie schon? Mit zwei Händen schafft man einen Ton.« → Nur gemeinsam sind wir stark!

»Möge es dir wohl bekommen«
→ Meist: Guten Appetit! Man sagt es vor dem Essen, während des Essens, als Antwort auf *Ellerine sağlık* und nach dem Essen, selbst wenn es schon zwei Tage her ist.

»Gott schütze... !« (deine schöne Tochter, mein *Dolmuş* oder deinen gesunden Appetit)

»Bitte schööööön«

Hey meine Schöne! Sag mal Herzchen, hast du sie noch alle?

Es fördert das Vertrauen: *Bu güven sağlar*

Schau Schwesterchen, meine Tomaten sind die besten

Es wirkt besänftigend: *Heyecanı yatıştırır:*

Langsam mein Sohn!

Manchmal erzählt ein Wort eine ganze Geschichte. *Bazen bir sözcük bütün bir öyküyü anlatır.*

statt: Gesundheit!

statt: Danke!

Delikanlılar

»die mit dem verrückten Blut« *

Jugendliche

*Delikanlılar

VERRÜCKT BLUT MIT PLURAL

İmam Bayıldı

»den Imam hat's umgehauen« gefüllte & geschmorte Auberginen

Karnı Yarık

»der aufgeschlitzte Bauch« wie Imam Bayildi, aber mit Hackfleisch

»Mädchenbrüste
oder Busen der Hostess«
zuckersüße Orangengrießpuddings mit
einer kleinen Nuss

Oft sind die Namen der Speisen so großartig wie das Essen selbst.
Bazı yemek adları, yemeğin kendisi gibi çok güzeldir.

Giysiler konuşunca wenn Kleider sprechen

Wenn Kleider sprechen, sagen sie viel über Weltanschauung und Herkunft ihrer Träger. Auf den Straßen Istanbuls äußern sich so die unterschiedlichsten Meinungen und Lebensweisen.
Doch diese große Vielfalt ist nicht nur ein Zeichen von Toleranz, sie birgt auch Konflikte in sich.
Der größere Teil der Frauen Istanbuls trägt kein islamisches Kopftuch. Im Zuge der strengen Säkularisierung durch Staatsgründer Atatürk wurde 1925 das Tragen von Kopftuch und Fes* in der Öffentlichkeit verboten.
Das Verbot für die Öffentlichkeit gilt so nicht mehr, aber staatliche Gebäude dürfen Frauen noch heute nicht verschleiert betreten. Innerhalb der letzten 20 Jahre sind viele Menschen aus den ländlichen Gebieten in die Metropole gezogen und mittlerweile kann man immer mehr islamische Kopftücher und auch Ganzkörperschleier sehen. Nun begegnen sich bedeckte und unbedeckte Frauen und beäugen einander oft mit Argwohn. Denn ihre Kleidung ist Ausdruck von unterschiedlichen und teilweise schwer vereinbaren Lebensweisen. Während Frauen mit Kopftuch für ihr Recht kämpfen, es an allen Orten tragen zu dürfen, wähnen andere eine schleichende Islamisierung und verweisen auf den Iran als abschreckendes Bespiel. *Giysiler konuştuğunda, giyenlerin dünya görüşü ve geçmişi konusunda çok şey söyler. Böylece İstanbul'un sokaklarında, türlü fikirler ve yaşam tarzları temsil edilir. Ama bu çeşitlilik*

bir hoşgörünün simgesi değildir, içinde bir çatışma gizler. İstanbul kadınlarının büyük çoğunluğu islami başörtüsü (türban) takmaz. Kamuda baş örtüsü ve fes 1925 yılında din ve devlet işlerinin tam anlamıyla ayrılması kapsamında Cumhuriyetin kurucusu Atatürk tarafından yasaklandı. 1925'te Atatürk Türk kadınlarının, eğitim başta olmak üzere; her alanda eşitliğini yürürlüğe koydu. Bugün de, resmi binalarda türban takmak yasaktır. Son 20 yıl içinde, insanlar kırsal kesimden büyük kentlere göç etti. Bu süre içinde etrafta giderek daha çok türban ve çarşaf görülmeye başlandı. Kapalı ve açık kadınlar birbirlerini kuşkulu gözlerle süzüyorlar, çünkü giysileri çelişkili ve uzlaşmaz yaşam biçimlerini belirtiyor. Kapalı kadınlar örtülerini her yerde taşıyabilme hakları için savaşırken; diğerleri İran'da yaşandığı gibi, yavaş yavaş islamlaştırılmaktan korkuyorlar.*

*ursprünglich aus Marokko stammender traditioneller Hut, der im osmanischen Reich von türkischen Männern getragen wurde, bis Atatürk 1925 die Bekleidungsreform durchführte. **Fas'ta giyilen geleneksel şapka, sarık yerine kullanılmak üzere Osmanlı İmparatorluğu yönetimi tarafından ithal edildi ve 1925'te uygulanan Şapka ve Kıyafet Devrimi'ne dek giyildi.*

Die Mädchen und Frauen in meinem Umfeld tragen kein Kopftuch.
Çevremdeki kadınlar ve genç kızlar baş örtüsü takmıyorlar.

Duygu, meine beste Freundin, möchte ihren Körper nicht verstecken. Das finden aber nicht alle in Ordnung. *En iyi arkadaşım Duygu bedenini gizlemek istemiyor. Fakat bunu herkes onaylamıyor.*

Es gibt ganz unterschiedliche Vorstellungen davon, was es bedeutet,

»verhüllt« zu sein. *Kapalı olmak konusunda düşünceler çok farklı.*

Auch das sind »Kopftuchfrauen«*, aber in der Uni ist es ihnen verboten, Kopftuch zu tragen.** *Bunlar da »Türbanlı kadınlar«*, ama üniversitede türban takmak yasak.***

Einige von Ihnen tragen Bänder im Haar. *Bazıları saçlarına bantlar takıyor.*

Andere tragen Perücken, gerne auch blonde, um ihr Haar dennoch zu bedecken. *Bazıları da peruk kullanıyor. Perukları saçları görünmesin diye takıyorlar ve sarı saçlı perukları tercih ediyorlar.*

* So nennen sie meine Freunde. *Arkadaşlarım onları böyle adlandırıyor.*
** Die Türkei ist ein laizistischer Staat, das heißt Staat und Religion sind streng getrennt. Somit dürfen in staatlichen Einrichtungen keine religiösen Zeichen getragen werden. *Türkiye laik bir devlet, yani din ve devlet işleri tamamen ayrıdır. Resmi kurumlarda dini simgelerin kullanılması yasaktır.*

Auch verschleierte Muslimas gehen baden und haben hierfür den passenden Badeanzug. *Türbanlı kadınlarda yüzmeye gidiyor ve durumlarına uygun mayo giyiyorlar.*

Manchmal überschneiden sich die Welten. *Karşıtlıklar sokakta içiçe.*

Duygu sagt, verhüllte Frauen ... *Duygu diyor ki, kapalı kadınlar ...*

... tragen oft die schärfsten Dessous. ... *iç çamaşırların alasını giyiyorlar.*

İşlerin gidiş hattı – farklı ! wie die Dinge laufen – anders!

Istanbul ist zwar eine europäische Metropole, aber doch auch immer eine orientalische Stadt.
Es ist hier nicht so sicher, geregelt und verlässlich wie in Deutschland. Dafür ist es aufregend, lebendig und unvorhersehbar. Man lernt viele Menschen kennen, weil man ständig nach dem Weg fragen muss ... Man darf ihnen aber nicht immer glauben, oft kennen sie den Weg selbst nicht, das würden sie aber niemals zugeben ... Man lernt viele fremde Orte kennen, weil man in den falschen Bus gestiegen ist. Und man erlebt viele Abenteuer, weil eben alles ein bisschen anders läuft, als man denkt. *İstanbul bir Avrupa kenti, ama yine de oryantal bir kent. Burada işler Almanya'daki gibi kesin kurallı ve güvenli değil. Fakat heyecan verici, canlı, bilinmezlerle dolu. Sürekli yol sormak gerektiğinden çok insan tanıma olanağı var (onlara pek de inanmamak gerek: bazıları yolu kendileri de bilmiyor, ama bunu kabul etmiyorlar...) Yanlış otobüse binince de, bir çok yeni yer öğrenilir. İşler düşünüldüğünden farklı yürüdüğü için de epey macera yaşanır.*

Unterwegs in Istanbul … *İstanbul'da yolculuk.*

… darf nicht schüchtern sein, denn ohne Hilfe kommt man oft nicht weit. *İnsan çekingen olmamalı, çünkü ne de olsa yardım almadan bir yere varılmaz.*

»*Dolmuş*« heißt gefüllt. Ein *Dolmuş* ist ein Sammeltaxi – es fährt erst los, wenn es voll ist. Ganz voll … *Dolmuşlar topluca binilen taksilerdir. Koltuklar dolunca hareket ederler. Tam dolunca …*

So zahlt man im *Dolmuş*, das geht nur gemeinsam. *Dolmuşta böyle para ödenir, işbirliği yapılarak, hep birlikte.*

EY
Düdlüdü
Düdlüdü
İnecek var!

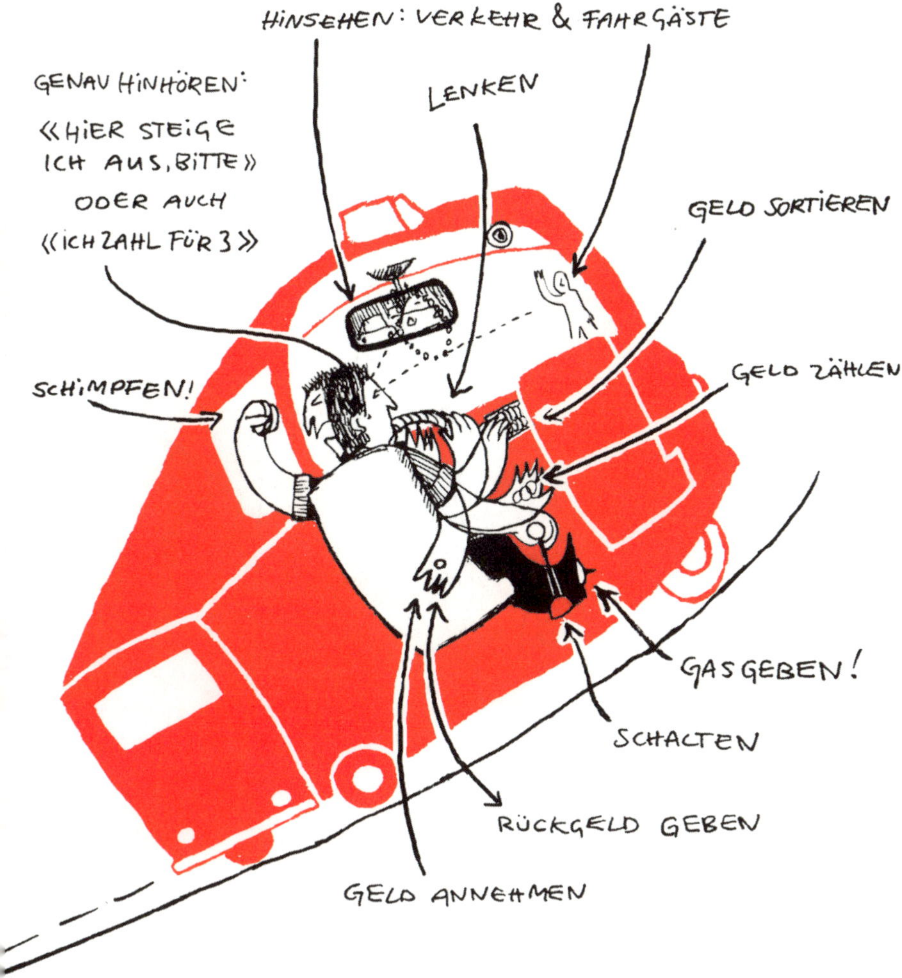

*Dolmuş*fahrer sind Multitasker. *Dolmuş şöförleri bir çok işi aynı anda yapar.*

Wenn man lange arbeitet, muss man sich an seinem Arbeitsplatz zuhause fühlen. *Uzun süre çalışıldığından, işyerinde kendisini rahat hissetmesi gerekir.*

Bakkal!
Efendim?
Taksiii
HÜP
HÜP

Seid laut, wenn ihr am Leben seid! *Hala hayattaysanız, sesinizi yükseltin!*

Ein Gast kommt stets zur rechten Zeit.* *Misafirin zamanlaması daima çok iyidir.*

**Hoş geldin* heißt Willkommen und mehr … siehe »Über Wörter und Sprache«

Der Gast ist König – und darf nichts machen. *Misafir krallar gibi ağırlanır – ve onu iş yaptırılmaz.*

KAFFEEHÄNDLER

Atatürk, der Vater der Türken, ist überall. Und jeder hat seinen eigenen.
Atatürk, Türklerin atası, her yerdedir. Herkesin kendisine göre tablosu vardır.

COPYSHOP
BRAUTMODENGESCHÄFT
POSTKARTEN VERKÄUFER
TRAUER-INSTITUT
(SUPERGLOSSYPRINT/LAMINIERT)
REISEBÜRO TÜRKREISEN
ATATÜRK KINDERGARTEN
HUTMACHER
ÖFFENTLICHER SCHIFFSNAHVERKEHR

Hayat çok zor Das Leben ist sehr schwer

Hayat çok güzel Das Leben ist wunderschön

Istanbul ist eine riesige Stadt, in der heute fast 17 Millionen Menschen leben. Viele von ihnen müssen um ihr Überleben kämpfen. Und das nicht nur hinter verschlossenen Türen, sondern auch mitten auf der Straße. Das Leben hier ist anstrengend und nach sieben Monaten ist mir bewusst, wie viel einfacher mein Leben ist, nur weil ich in Deutschland geboren bin – und einen deutschen Pass habe.
Oft seufzt einer *»Hayat çok zor«* – »das Leben ist schwer«, die Schwermut ist eine türkische Leidenschaft.
Sie wird geliebt und gepflegt, mit schmachtenden Liedern über Liebe und Tod, an langen Abenden mit Rakı (Anisschnaps) und einer Unzahl kleiner Teller voll wunderbarer Vorspeisen, den *Meze*.
Solche Nächte sind schmerzvoll und wunderbar.
Mag das Leben auch noch so schwer sein, es muss schließlich weitergehen. Also *»boşver!«* – »vergiss es, Alter!«
Und wer einmal an einen solchen voll gedeckten Tisch geladen wurde, bei fremden Menschen zu Gast war oder mit dem Schiff über den Bosporus fuhr, vorbei an den Silhouetten der Hagia Sophia und des Topkapi Sarayi,
dem ist ganz klar:
Istanbul ist die schönste Stadt der Welt, die Türkei das schönste Land und die Menschen die tollsten unter der Sonne. Und dann ruft einer *»Hayat çok güzel!«* – Das Leben ist wunderschön! *İstanbul 17 milyon insanın yaşadığı devasa bir kenttir. İnsanların çoğu yaşamını sürdürmek için*

savaşır. Ve bu yalnız kapıların arkasında değil, sokağın ortasında olur. Hayat burada çok zordur ve yedi ay sonunda Almanya'da doğmuş olmak ve bir Alman pasaportuna sahip olmakla ne kadar şanslı olduğumu farkettim.
»Hayat çok zor« – sevilen bir deyiştir ve efkar bir Türk tutkusudur. Efkar, uzun süren akşam yemeklerinde aşk ve ölüm üzerine masalsı şarkılar ve bol rakı (anason rakısı) ve türlü mezelerle beslenir. Böyle geceler çok güzeldir. Hayat ne kadar zor olursa olsun, sonuçta yine de devam etmelidir. Yani, boşver!.. Unut gitsin!
Her kim ki, bir kez tanımadığı insanların yemekle donatılmış masasına konuk edilir, ya da vapurla Ayasofya ve Topkapı silüetlerinin önünden geçer, İstanbul'un dünyanın en güzel şehri, Türkiye'nin dünyanın en güzel ülkesi ve insanlarının en güzel insanlar olduğunu açık seçik anlar. Ve o an biri seslenir… »Hayat çok güzel!«

Hier muss man nie alleine sein. *İnsan burada asla yalnız kalmaz.*

İNCİR
KAVUN
DEIN PLATZ
BEYAZ PEYNIR
SUCUK
RAKI
RAKI
SU
EKMEK
SIMIT
MIDYE DOLMA
İMAM BAYILDI (S. KAPITEL SPRACHE
LIMON
SIMIT
AYRAN (ÇOK KÖPÜKLÜ)

Lass es dir schmecken, Canım!
Afiyet olsun Canım!

Die Familie ist immer für dich da! Und du für sie.
Ailen her zaman senin yanındadır. Sen de onun.

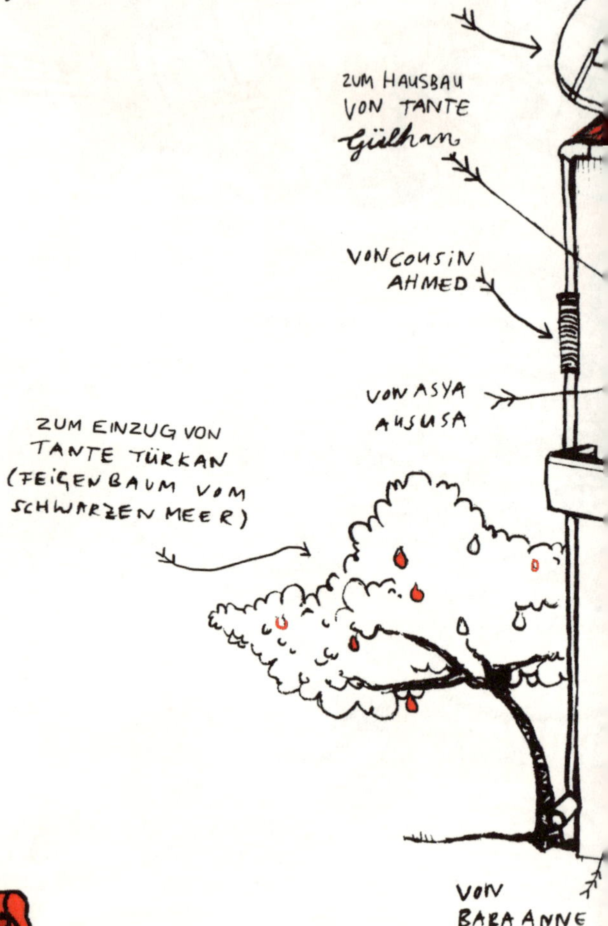

VON NEYCATI
TANTE & ONKEL YILMAZ
COUSIN TAREK
COUSIN MURAT
GESCHENK VON FUAT AUS MÜNCHEN
VON HÜLYA (SCHWESTER)
VON ANNE ANNE
Hier wohnen BANU & VEDAT CAN
HILFE BEIM HAUSBAU VON NEFFE EMIR
VON ONKEL TAYFUN
GESCHENK VON ONKEL EMRE AUS DÜSSELDORF
VON TANTE RITA EMRES FRAU

Das kann aber auch Nachteile haben ... *Bunun zararları da vardır ...*

Herrenbesuch ist manchmal ein abenteuerliches Unterfangen – selbst wenn man längst alleine wohnt. *Seyrek de olsa, erkek konuk bazen tehlike yaratır – uzun süre tek başına yaşıyor olsan bile.*

Das Leben meiner Freunde ist nicht immer einfach: *Arkadaşlarımın hayatı gerçekten pek kolay değil:*

Mit einem türkischen Pass ein Visum zu bekommen ist schwierig und teuer. Wenn man es überhaupt bekommt. *Türk pasaportuyla vize almak çok zor, ve çok pahalı. Tabiiki alabilirsen…*

Wenn Sezgin Fotograf werden wollte, müsste er erst mal zum Militär. Da macht er lieber weiter eine Ausbildung, die ihn nicht interessiert. *Sezgin fotoğrafçı olmak istediğinde askere gitmesi gerekiyordu. O da bu yüzden onu hiç ilgilendirmeyen bir öğrenim yapmayı tercih etti.*

Ezgi verliebt sich oft. Aber ihre Eltern dürfen das nicht wissen. *Ezgi sık sık aşık olur, ama ailesinin bunu bunu bilmemesi gerekiyor.*

Eces großer Traum ist es, einmal nach Europa zu reisen. Aber sie kann es sich einfach nicht leisten. *Ece'nin büyük hayali Avrupa'yı dolaşmak. Ama bunu maddi olarak karşılayamamaktan korkuyor.*

Betül könnte einen Austausch nach England machen. Aber trau dich das mal, wenn du niemanden kennst, der so etwas schon mal gemacht hat. Wenn du keine Fremdsprache sprichst. Und du noch nie dein Land verlassen hast. *Betül öğrenci değişiminden yararlanarak İngiltere'ye gidebilirdi, ama hiç yurtdışına çıkmamıştı ve buna cesaret edemedi. Yabancı dil bilmiyorsan ve ülkeni hiç terk etmediysen işin daha da zor.*

Deshalb halten die Mädels hier zusammen wie Pech und Schwefel!
Bu yüzden genç kızlar canciğer gibidir burada!

Und manchmal geht es gar nicht ohne Freunde. Beispielsweise, wenn man zu einer türkischen Behörde geht. *Bazen de arkadaşsız hiç olmuyor. Örneğin, resmi dairelere gidildiği zaman.*

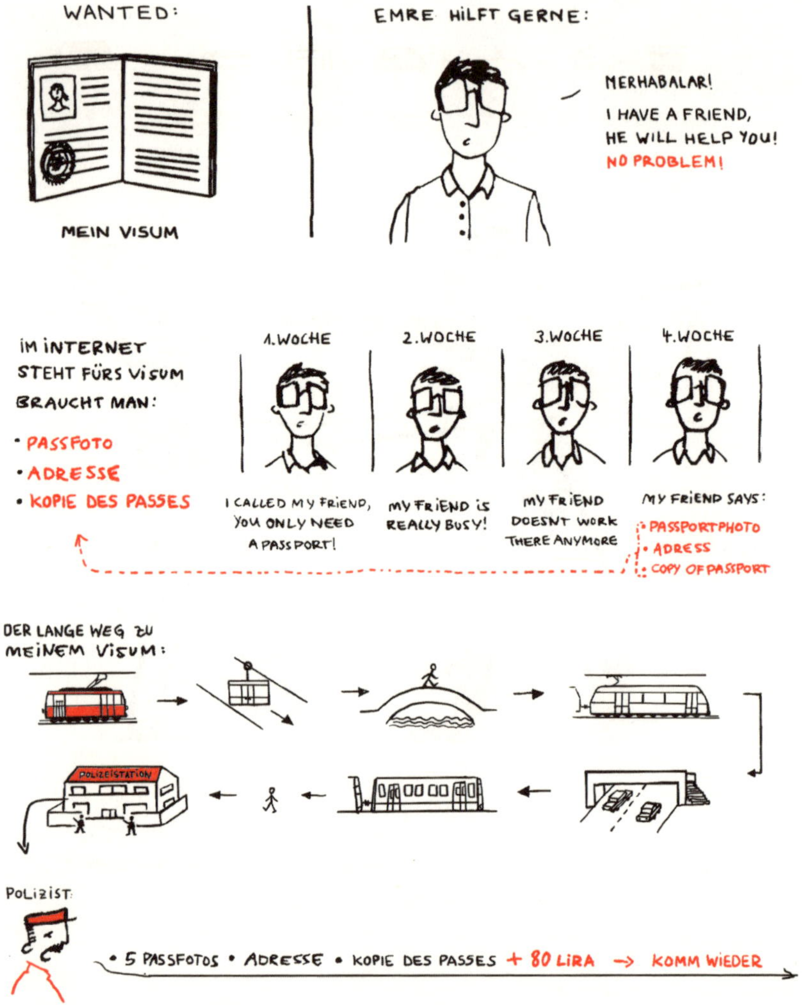

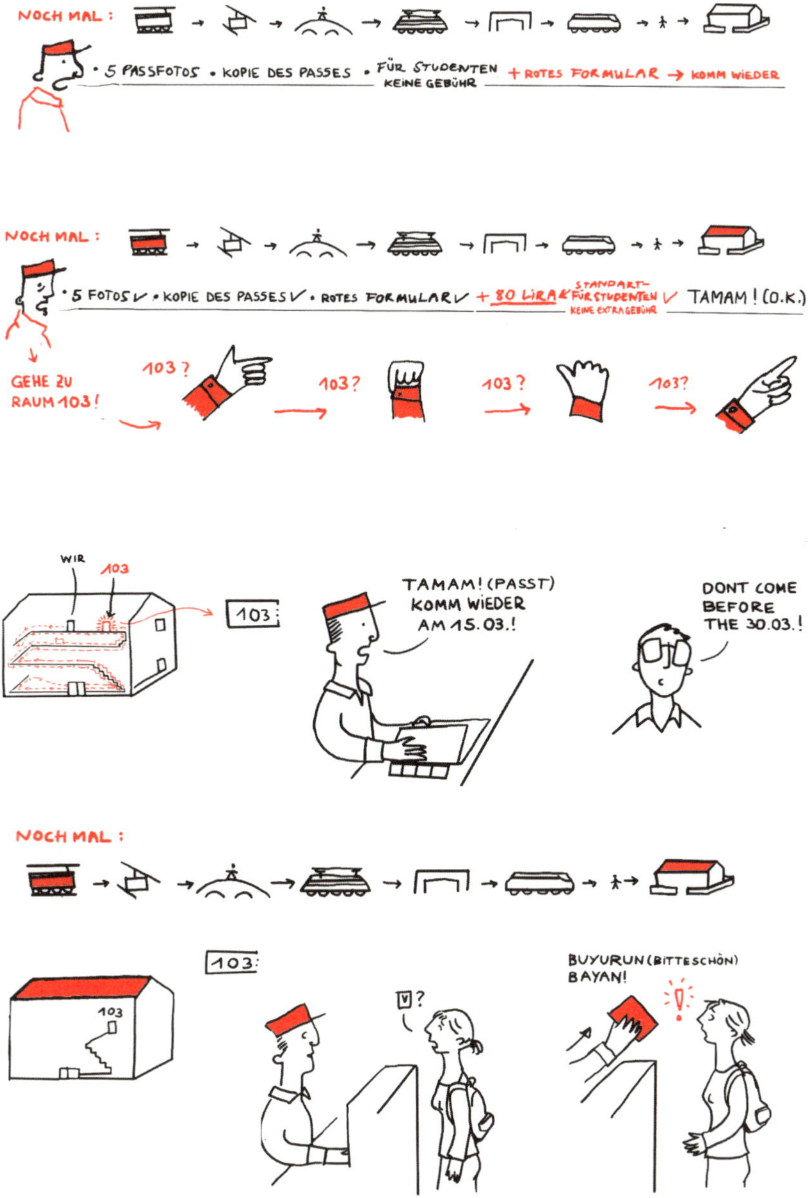
NOCH MAL :
• 5 PASSFOTOS • KOPIE DES PASSES • FÜR STUDENTEN KEINE GEBÜHR
+ ROTES FORMULAR → KOMM WIEDER
NOCH MAL :
• 5 FOTOS ✓ • KOPIE DES PASSES ✓ • ROTES FORMULAR ✓
+ 80 LIRA ✓ STANDART-FÜR STUDENTEN KEINE EXTRA GEBÜHR ✓
TAMAM ! (O.K.)
GEHE ZU RAUM 103 !
103 ?
103 ?
103 ?
103 ?
WIR
103
103 :
TAMAM! (PASST) KOMM WIEDER AM 15.03.!
DONT COME BEFORE THE 30.03.!
NOCH MAL :
103 :
103
V ?
BUYURUN (BITTESCHÖN) BAYAN!
!

Aber all die alltäglichen Schwierigkeiten erscheinen klein angesichts existentieller Armut. Auch das ist Istanbul. *Ama bütün gündelik zorluklar, sokaklarda görülen yoksulluğa karşı ufak kalıyor.*

RAMAZAN SPESYAL
GÜLLAÇ
SAF ÎMÂNIN
ARISIDIR
NIKE

Ständig werde ich gewarnt. Istanbul muss wohl sehr gefährlich sein.
Beni İstanbul'un tehlikelerine karşı sürekli uyarırlar …

RÄUBER, DIE DUMME TOURIS AUSNEHMEN

SAGT OLE

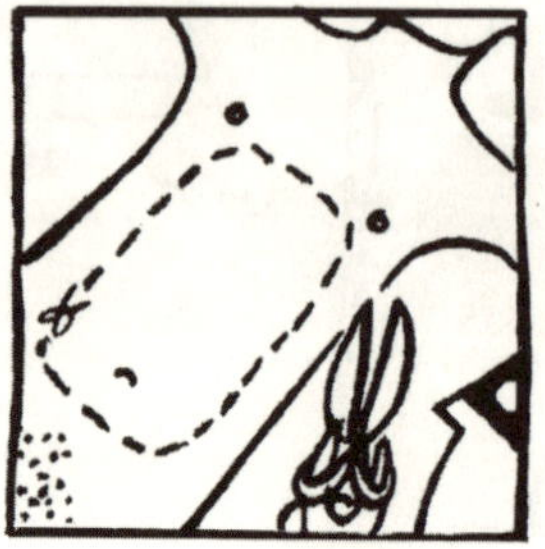

ORGANMAFIA

SAGT DUYGU

ABSOLUT ÜBERFÜLLTE NAHVERKEHRSSCHIFFE

DA KANN MAN TATSÄCHLICH SCHISS BEKOMMEN!

WILDGEWORDENE BUSFAHRER

DA AUCH!

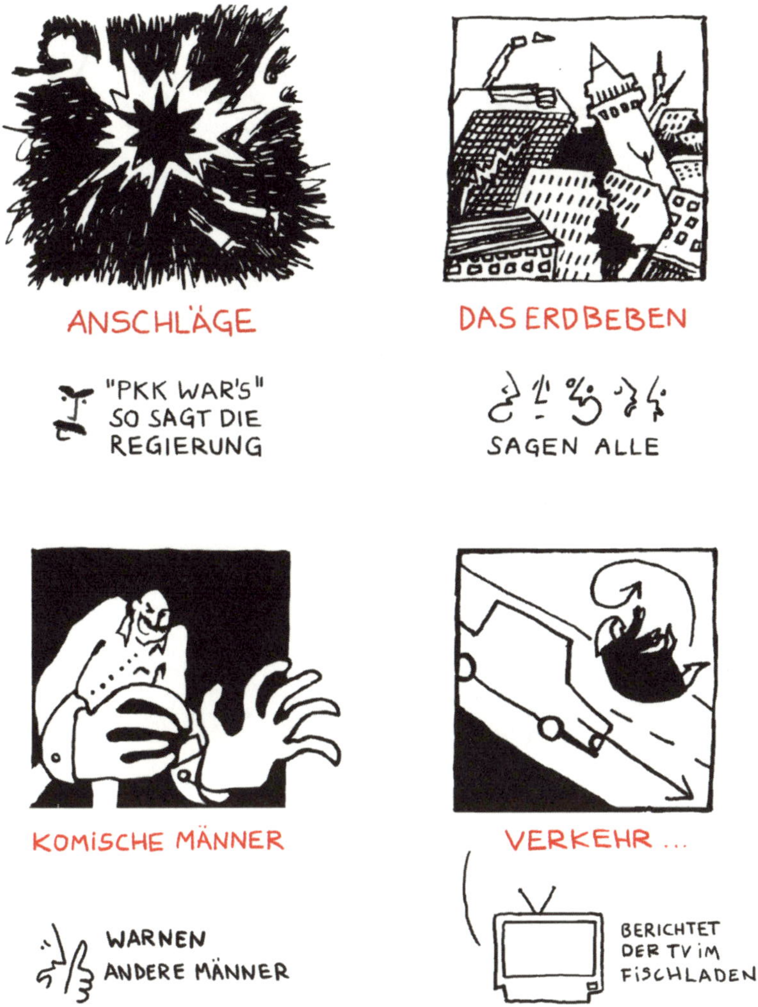
ANSCHLÄGE
"PKK WAR'S" SO SAGT DIE REGIERUNG
DAS ERDBEBEN
SAGEN ALLE
KOMISCHE MÄNNER
WARNEN ANDERE MÄNNER
VERKEHR …
BERICHTET DER TV IM FISCHLADEN

UND VERDAMMT

VIEL

POLIZEI

Bald sollte ich herausfinden, wieso … *Çok süre geçmeden nedenlerinide öğrenecektim…*

Am 27. Juli 2008 wurde im Istanbuler Stadtteil Güngören der schlimmste Terroranschlag seit Jahren verübt.
17 Menschen starben, 150 wurden verletzt.
In den folgenden Wochen ereigneten sich weitere Anschläge in Sisli und Üsküdar.

27 Temmuz 2008'de İstanbul'un Güngören Mahallesi'nde son zamanların en kötü terör saldırısı yaşandı:
17 ölü, 150 yaralı.
Sonraki haftalarda Şişli ve Üsküdar'da başka saldırılar yaşandı.

In den Wochen nach den Anschlägen fuhr ich nur noch mit meinem Rucksack als Nagelbombenschutz U-Bahn. *Bu olaylardan sonra, metroda yolculuk ederken sırt çantamı kendime siper ettim.*

» *Boşver!* «*

Aber das Leben geht einfach weiter. * »Scheiß drauf, früher oder später erwischt es uns doch alle!« *»Sıçayım içine, er ya da geç, bizim başımıza da gelecek!«*

ANADOLU
ASİEN
ADALAR
PRINZENINSELN
KARADENIZ
SCHWARZES MEER
GAZE
BOĞAZ
BOSPORUS

Und überhaupt: In welcher Stadt wechselt man schon mehrmals am Tag den Kontinent?! *Yine de soruyorum: Hangi kentte günde birkaç kez kıta değiştirilir?!*

In einer Stadt, in der Taxifahrer Joggern ihre Dienste anbieten. *Hangi kentte taksi şoförleri koşu yapanları taksilerine binmeyi önerir?*

In der Männer beim Anblick einer jungen Frau zu singen beginnen. *Hangisinde erkekler genç bir kadın görünce şarkı söylemeye başlar.*

Und wenn es schneit, Sicherheitsmänner Sicherheitsschneemänner bauen.
Kar yağdığında güvenlik görevlileri, güvenlik görevlisi kardan adamı yaparlar.

Keine Frage, Istanbul ist einfach zum Verlieben. *Sözün kısası, İstanbul aşık olunası bir kenttir.*

Text, Satz und Illustration: *Alexandra Klobouk*
www.alexandraklobouk.com

Kunsthochschule Berlin Weißensee 2010

Übersetzung: *Güler Türker & Pelin Türker*
Lektorat: *Kemal Doğan*
Korrektorat: *Christel Dobenecker*

Druck und Bindung: fgb - freiburger graphische betriebe
Printed in Germany

ISBN: 978-3-943945-09-6

* Wir warten (auf Euch).

Vielen Dank an *çok çok teşekürler:*
Prof. Wim Westerveld, Prof. Alex Jordan, Prof. Nanne Meyer & Alex Klug, die ONKEL & ONKEL Allstars, *Hocam Pelin Türker & Hocam Güler Türker,* Duygu Serin & alle meine türkischen Freundinnen & Freunde *Duygu & her türk arkadaslarim, Ece Eldek, Seyfi Ölmez,* Barbara Klobouk, Günter Klobouk & Sascha.